Ländliche Lattenwelt

Holzfiguren einmal anders – in der ländlichen Lattenwelt tummeln sich viele lustige Gesellen, die das ganze Jahr über Freude bereiten. Mal hütet ein Huhn seine Eier, mal begrüßt die Hauskatze Ihre Gäste und der Schneemann freut sich über die ersten Schneeflocken. Sogar freche Hexen sind mit von der Partie!

Besorgen Sie sich Latten, etwas Sperrholz, Acrylfarbe und eine Dekupier- oder Stichsäge, und schon kann es losgehen! Freuen Sie sich auf die fröhlichen und dekorativen Figuren, die jedes Plätzchen verschönern!

Sie werden überrascht sein, was sich mit einfachen Holzlatten alles gestalten lässt!

Viel Spaß mit den pfiffigen Lattenmotiven wünscht Ihnen

Monika Gänsler

Die Motive lassen sich in folgende Schwierigkeitsgrade unterteilen:

○ ○ ○ einfach ○ ○ ○ etwas schwieriger ○ ○ ○ anspruchsvoll

So geht es

1 Zuerst die zugeschnittenen Latten laut Vorlage zusammenfügen.

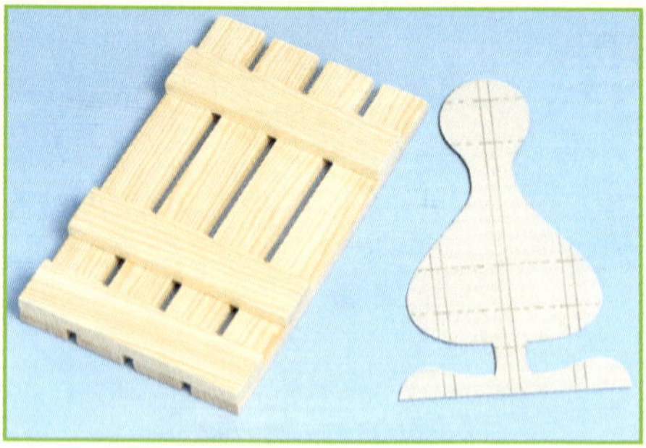

2 Für das Übertragen des Lattenteiles auf das Lattengerüst eine Schablone aus Papier erstellen. Dazu das Teil auf Transparentpapier mit allen Lattenlinien übertragen. Das Transparentpapier auf dünne Pappe kleben und daraus exakt ausschneiden – fertig ist die Schablone. Die Schablone auf das Lattenteil legen und die Konturen nachzeichnen. Die Motivteile mit Schneiderkopierpapier auf das Sperrholz übertragen.
Dazu das Schneiderkopierpapier (mit der beschichteten Seite nach unten) auf das Sperrholz legen, darüber die Vorlage platzieren und die Konturen mit einem Bleistift oder Kugelschreiber nachziehen. Darauf achten, dass die Teile nicht überlappen.

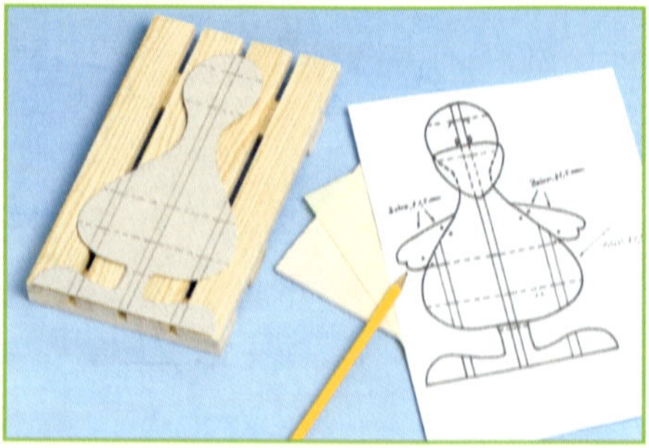

3 Das Lattenteil und die Sperrholzteile sorgfältig aussägen und die Kanten mit Schmirgelpapier glätten. Das Leimholz (für die Standfläche) zusägen und versäubern.

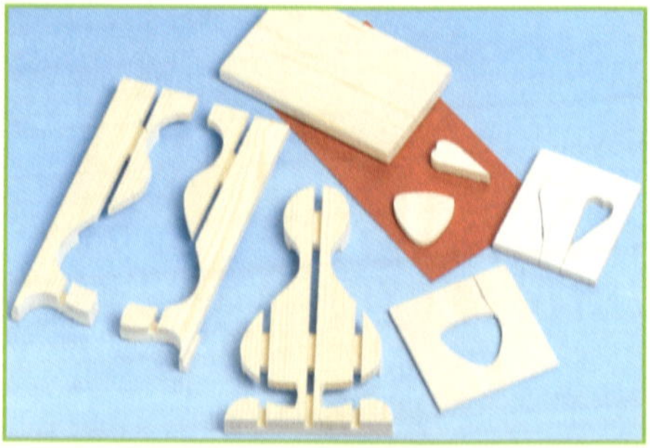

4 Alle Teile wie abgebildet bemalen und trocknen lassen. Danach die Augen und Innenlinien mit einem dünnen schwarzen Stift ergänzen. Für das Weiß der Augen Acrylfarbe oder einen weißen Lackmalstift verwenden. Zum Schluss alle benötigten Löcher bohren und die Teile wie in der jeweiligen Anleitung beschrieben zusammensetzen. Für den Außenbereich das Motiv mit wetterfestem Lack besprühen.

Folgende Materialien und Werkzeuge werden für fast jedes der hier im Buch gezeigten Modelle benötigt:

- Latten in verschiedenen Breiten und Stärken
- Leimholz, 1,8 cm stark
- Pappel-Sperrholz, 6 mm und 1 cm stark
- Schneiderkopierpapier (ggf. auch Kohlepapier)
- Transparentpapier
- Klebefilm
- Dekupier- oder Stichsäge (mit Sägeblättern für Holz)
- Holzleim
- Schmirgelpapier
- matte Acrylfarbe
- breiter Borstenpinsel
- schmaler Pinsel
- dünner Filzstift in Schwarz
- Lackmalstift in Weiß (für Augen und Zähne)
- UHU-Alleskleber kraft
- Heißklebepistole
- Bindedraht, ø 0,35 mm, 0,65 mm und 1,4 mm
- Drahtnägel, ø 1,2 mm, 2 cm lang
- Seitenschneider
- Bohrer (Spiralbohrer), ø 1,5 mm, 2 mm, 3 mm, 4 mm, 6 mm und 1 cm
- Bohrmaschine oder Akkuschrauber
- Klebestift
- spitze Rundzange
- Hammer
- mittelgroße, spitze Schere
- evtl. Cutter mit Schneideunterlage
- evtl. Schraubzwinge
- evtl. Feile

Hinweise: Als „Rest" wird immer ein Holzstück bezeichnet, das maximal A5 groß ist.

Der 1,4 mm starke Bindedraht ist unter dem Namen „Rödeldraht" im Baustoffhandel erhältlich.

Die Breite der Latten kann etwas variieren. Deshalb ist es notwendig, die unterschiedliche Breite durch die Zwischenräume der Latten auszugleichen.

Anstelle des Leimholzes kann auch 1 cm starkes Sperrholz als Standfläche verwendet werden.

Bei allen Holzmotiven werden einige Latten für die sogenannte „Unterkonstruktion" benötigt. Auf diese Latten werden später die oberen, sichtbaren Latten aufgeleimt. In den speziellen Materiallisten sowie in den Anleitungen wird dieser Begriff mit „UK" abgekürzt.

Tipps und Tricks

Lattenteil

Für die Anordnung und Ausrichtung der einzelnen Latten ist es eine Hilfe, eine Kopie des Motivs unter das Lattenteil zu legen.

Lattenabstand

Um einen gleichmäßigen Lattenabstand zu erzielen, kann man einen entsprechenden Abstandhalter (z. B. ein Stück Sperrholz oder eine entsprechende Leiste) dazwischen halten.

Andrahten

Das Andrahten der Einzelteile aus Sperrholz ist auf zwei Arten möglich: Entweder ein U-förmig gebogenes Stück Bindedraht von vorne durch die entsprechenden Löcher stecken, hinten etwas verzwirbeln und die Drahtenden abkneifen, oder ein U-förmig gebogenes Stück Bindedraht von hinten durch die zwei Bohrlöcher stecken, vorne verzwirbeln und die Drahtenden locken.

Verwenden von Schablonen

Die Umrisslinien einzelner Teile können auch mit einer Schablone auf das Sperrholz übertragen werden. Dazu mit einem Bleistift das Teil auf Transparentpapier ohne Überschneidung abpausen. Dann das Transparentpapier auf dünnen

Karton kleben und die abgepausten Motivteile ausschneiden. Fertig sind die Schablonen, die dann auf das Holz oder Kupferblech gelegt und mit einem Bleistift umfahren werden können.

Sperrholz

Das Sperrholzstück sollte nicht zu knapp bemessen sein. Die in diesem Buch genannten Maße sind Mindestangaben. Ein etwas größeres Stück lässt sich beim Aussägen besser festhalten und ist dadurch sicherer und leichter zu handhaben. Pappel-Sperrholz eignet sich besonders gut für Laubsägearbeiten. Statt 1 cm starkem Sperrholz kann auch etwas dünneres Material verwendet werden.

Abflachen eines Rundholzstückes

Mit der Säge das Rundholzstück ca. 2 cm bis 3 cm tief halbieren. Dieses Stück senkrecht zum Rundholz absägen.

Befestigung auf der Bodenplatte

Die Unterkante der Figur, die die Standfläche berührt, sollte so exakt wie möglich gearbeitet sein. Unebenheiten bringen die Figur zum Kippen. Besonders bei großen Figuren kann es sinnvoll sein, die Figur auf der Bodenfläche festzuschrauben. Dazu ein oder zwei Löcher (ø 4 mm) im Bereich der Befestigungsfläche in die Bodenplatte bohren. Dann die Position der Löcher an der Unterkante der Figur markieren und dort die entsprechenden Löcher (ø 2 mm) vorbohren. Die Figur von unten durch die Bodenfläche festschrauben.

Figuren bemalen

Um ein Ineinanderlaufen der Farben zu vermeiden, sollte jede Farbe völlig trocken sein, bevor die nächste aufgetragen wird. Wird beim Bemalen zufällig eine Innenlinie übermalt, ist das nicht weiter schlimm. In diesem Fall einfach die Motivvorlage auf Transparentpapier übertragen, die Linien auf der Rückseite mit Bleistift nachziehen und dann das Transparentpapier auf das bereits bemalte Motiv legen. Beim erneuten Nachfahren der Linien überträgt sich der Bleistift-Grafit von der Rückseite des Transparentpapiers. Dann die Innenlinien mit dem schwarzen Stift nachziehen.
Manchmal ist es einfacher, die schwarzen Innenlinien vor dem Ankleben der Einzelteile aufzumalen. Für Augen und Nasen evtl. eine Ellipsen- oder Kreisschablone verwenden. Die meisten Wangenflecken und Nasen erhalten ebenfalls noch einen kleinen weißen Pinselstrich.

Strukturfarbe

Ein rustikales und sandiges Aussehen der Motive erzielt man durch die Verwendung von Strukturfarbe.

Verwenden von Krakelierlack

Wenn das Motiv antik aussehen soll, wird Krakelierlack verwendet. Er sorgt für feine Risse und lässt die Farbe alt wirken. Als erstes die ausgesägten und geschmirgelten Holzteile mit der gewünschten Farbe grundieren und trocknen lassen. Dann die Teile mit Krakelierlack bestreichen, erneut trocknen lassen und wiederum alles mit Farbe bemalen. Die Farben dabei zügig und möglichst in einer Richtung auftragen. Die kleinen Risse werden dann relativ schnell sichtbar.

Drahtlocken

Schöne Drahtlocken erhält man, wenn die Drahtenden um einen runden Gegenstand gewickelt werden, z. B. um einen Bleistift oder Pinselstiel.

Dekorative Stoffe

Patchworkstoffe eignen sich sehr gut zum Dekorieren einzelner hier vorgestellter Motive.

Bienen-Besuch

Beschreibung
Seite 6

Bienen-Besuch

→ wo ist der Nektar?

MOTIVHÖHE
ca. 46 cm

MATERIAL
- 6 Latten, 1 cm stark, 4 cm x 30 cm
- 4 Latten, 1 cm stark, 4 cm x 26 cm (UK)
- 1 Latte, 1 cm stark, 4 cm x 28 cm (Stiel)
- Sperrholzrest, 6 mm stark
- Sperrholz, 1 cm stark, 30 cm x 18 cm
- Leimholz, 1,8 cm stark, 20 cm x 14 cm
- Acrylfarbe in Schilf, Orange, Mittelbraun, Olivgrün, Mittelgelb, Dunkelbraun, Elfenbein, Hautfarbe, Scharlachrot (Wangen) und Weiß (Wangen)
- Bindedraht, ø 0,65 mm
- evtl. 1 Holzschraube, Senkkopf, ø 3,5 mm, 3,5 cm lang (zum Festschrauben auf der Standfläche)
- Bohrer, ø 1,5 mm (2 mm und 4 mm)

VORLAGENBOGEN
2A + 2B

1 Das Lattenteil für die Blüte laut Vorlage zusammensetzen. Die Blütenmitte und die Bienen aus dem dünnen und die Blätter und das Grasteil aus dem dicken Sperrholz aussägen. Mithilfe einer Schablone die Blüte aufmalen und danach aussägen. Eine Latte als Blütenstiel von hinten ankleben.

2 Jetzt alle Holzteile laut Abbildung anmalen. Nach dem Trocknen die Blütenmitte aufkleben. Die Gesichter der Bienen gestalten und die restlichen Innenlinien ergänzen. Alle Bohrungen ausführen. Für die Befestigung der Bienen und Fühler seitliche Löcher bohren. Für das Andrahten der Blätter die Bohrungen von vorne ausführen.

3 Ein Loch von oben in die Standfläche bohren. Die Blume zusammensetzen und auf der Standfläche anbringen. Das Grasteil aufkleben und die Bienen mit dem Bindedraht andrahten.

Schnecke

→ dekorativ im Garten

1 Das Lattenteil für das Schneckengehäuse laut Vorlage zusammensetzen. Den Körper aus dem dicken und die Herzen aus dem dünnen Sperrholz aussägen. Das Gehäuse mithilfe einer Schablone aufzeichnen und aussägen.

2 Alles wie abgebildet anmalen, das Gesicht gestalten und die restlichen Innenlinien ergänzen. Für die Fühler und die Herzen seitliche Löcher bohren, für das Zusammendrahten die Löcher von vorne bohren.

3 Den Körper und das Gehäuse zusammendrahten. Die Fühler einkleben und die Holzlatte anleimen.

4 Den Bast mit drei Drahtstücken umwickeln, ein Drahtende abkneifen. Die anderen fünf Drahtenden locken und auf jedes Ende ein Herzchen stecken und fixieren.

MOTIV-HÖHE
ca. 19,5 cm

MATERIAL

- 4 Latten, 1 cm stark, 4 cm x 22 cm
- 2 Latten, 1 cm stark, 4 cm x 18 cm (UK)
- 1 Latte, 1 cm stark, 4 cm x 50 cm (Einstecklatte)
- Sperrholzrest, 6 mm und 1 cm stark
- Acrylfarbe in Orange, Karminrot, Antikgrün, Schilf und Weiß
- Bindedraht, ø 0,65 mm
- Bast in Grün
- Bohrer, ø 1,5 mm

VORLAGEN-BOGEN 4B

Hallo, Meister Lampe!

→ auch ohne Körbchen niedlich

MOTIVHÖHE
ca. 68 cm

MATERIAL
- 3 Latten, 1 cm stark, 4 cm x 40 cm
- 2 Latten, 1 cm stark, 4 cm x 18 cm
- 1 Latte, 1 cm stark, 4 cm x 23 cm (UK)
- 1 Latte, 1 cm stark, 4 cm x 14 cm (UK)
- Sperrholzrest, 6 mm stark
- Sperrholz, 1 cm stark, 30 cm x 30 cm
- Rohholzhalbkugel, ø 3 cm

VORLAGENBOGEN 3A

- Acrylfarbe in Nougat, Weiß, Schilf und Kürbis (Antik, Struktur)
- Paketschnur, ø 1,7 mm
- Stoffdreieck, 28 cm x 19 cm x 19 cm
- Heu
- Maschendraht in Grün, 10 cm breit, 22 cm lang
- Bindedraht, ø 0,35 mm und 0,65 mm
- Bohrer, ø 1,5 mm, 3 mm und 6 mm

1 Das Lattenteil für den Körper laut Vorlage zusammensetzen. Die Ohren, Arme und Füße aus dem dicken und die Herzen aus dem dünnen Sperrholz aussägen.

2 Mithilfe einer Schablone den Hasen aufmalen und aus dem Lattenteil aussägen. Alle Holzteile laut Abbildung anmalen und trocknen lassen. Das Gesicht gestalten und alle Innenlinien ergänzen.

3 Alle Bohrungen von vorne ausführen. Die Nase fixieren, Ohren, beide Arme und Füße andrahten. Die Barthaare von hinten durch die Bohrungen stecken, vorne umbiegen und in Form bringen. Beide Herzen andrahten.

4 Aus dem Maschendraht ein Körbchen formen. Dazu die beiden schmalen Seiten zusammenfassen, mit dünnem Bindedraht umwickeln und die Fläche zu einem Körbchen formen. Die Enden durch die Bohrungen im Körper stecken, umbiegen und mit der Heißklebepistole von hinten festkleben. Das Körbchen mit Heu auspolstern, dem Hasen ein Stofftuch umbinden und eine Paketschnur als Aufhängung befestigen.

Kleiner Frühlingsgruß

→ schnell gemacht

MOTIVHÖHE
ca. 23 cm

MATERIAL

- 4 Latten, 1 cm stark, 3 cm x 23 cm
- 3 Latten, 1 cm stark, 3 cm x 14 cm (UK)
- Sperrholzrest, 6 mm und 1 cm stark
- Leimholz, 1,8 cm stark, 10 cm x 16 cm
- Acrylfarbe in Mondstein (Struktur), Orange und Schilf (Antik, Struktur)
- Reagenzglas, ø 1,2 cm, 7,5 cm lang
- Bindedraht, ø 0,65 mm
- Bohrer, ø 1,5 mm und 1 cm

VORLAGEN-BOGEN 1B

WEITERFÜHRUNG

Kleiner Frühlingsgruß

1 Das Lattenteil für den Körper laut Vorlage zusammensetzen. Den Schnabel aus dem dünnen und die Flügel aus dem dicken Sperrholz aussägen. Mithilfe einer Schablone den Körper aufmalen und danach aus dem Lattenteil aussägen.

2 Alle Holzteile laut Abbildung anmalen. Nach dem Trocknen das Gesicht gestalten und die Innenlinien ergänzen. Den Schnabel aufkleben.

3 Alle Bohrungen laut Vorlage von vorne ausführen. Für das Reagenzglas eine Vertiefung in die Standfläche bohren. Dazu den großen Bohrer nur leicht in die Standfläche einsenken. Die Flügel andrahten, von hinten durch die beiden Bohrungen der Gans ein Stück Bindedraht stecken und vorne etwas verzwirbeln. Eine größere Öse formen (das Reagenzglas muss durch die Öse passen!), die Drahtenden nochmals verzwirbeln und locken.

4 Die Gans auf der Standfläche fixieren und das Reagenzglas durch die Öse in die Vertiefung der Standfläche stellen. Nach Belieben Wasser einfüllen und das Glas mit einer Blume dekorieren.

MOTIVHÖHE
ca. 34 cm

MATERIAL
- 5 Latten, 1 cm stark, 4 cm x 35 cm
- 5 Latten, 1 cm stark, 4 cm x 13 cm
- 1 Latte, 1 cm stark, 4 cm x 46 cm (UK)
- 1 Latte, 1 cm stark, 4 cm x 30 cm (UK)
- 1 Latte, 1 cm stark, 4 cm x 24 cm (UK)
- 1 Latte, 1 cm stark, 4 cm x 9 cm (UK)
- Sperrholzrest, 6 mm stark
- Sperrholz, 1 cm stark, 30 cm x 14 cm
- Acrylfarbe in Zartrosa, Elfenbein, Hautfarbe, Schilf und Weiß (Wangen)
- Rohholzhalbkugel, ø 3 cm
- 3 Zinkeimer, ø ca. 8 cm, 7,5 cm hoch
- Stoffstreifen, 7 cm breit, 30 cm lang
- 3 Holzschrauben, Senkkopf, ø 3,5 mm, 3 cm lang
- Bohrer, ø 2 mm, 4 mm und 6 mm

VORLAGEN-BOGEN 3B

1 Das Schaf als Lattenteil laut Vorlage arbeiten. Den Haarschopf und die Vorderfüße aus dem dünnen und die Holzplatte aus dem dicken Sperrholz aussägen. Mithilfe einer Schablone das Schäfchen auf das Lattenteil zeichnen und aussägen.

2 Aus der Holzplatte drei kreisförmige Flächen aussägen. Dazu ein Loch (ø 6 mm) in die kreisförmige Fläche bohren, das Sägeblatt durchstecken und die Kreise aussägen.

3 Die Rohholzhalbkugel und alle Holzteile laut Abbildung anmalen. Nach dem Trocknen das Gesicht gestalten und alle restlichen Innenlinien ergänzen. Die Nase und die Vorderfüße aufkleben.

4 Die Holzplatte an die Figur schrauben. Dazu drei Löcher (ø 4 mm) ins Schäfchen bohren, die Position der restlichen Löcher (ø 2 mm) an der Holzplatte markieren und dort vorbohren.

5 Drei kleine Zinkeimer in die Vertiefungen stellen und dem Schäfchen einen Stoffschal umbinden.

Ein liebes Schäfchen

→ vielseitig zu verwenden

Kikeriki!

→ munteres Federvieh

MOTIVHÖHE
Henne ca. 23 cm
Hahn ca. 63 cm

MATERIAL HENNE

- 4 Latten, 1 cm stark, 4 cm x 22 cm
- 3 Latten, 1 cm stark, 4 cm x 16 cm
- 1 Latte, 1 cm stark, 4 cm x 30 cm (UK)
- 1 Latte, 1 cm stark, 4 cm x 23 cm (UK)
- Sperrholzrest, 6 mm stark
- Sperrholz, 1 cm stark, 30 cm x 40 cm
- Acrylfarbe in Antikblau, Karminrot, Hautfarbe, Taubenblau, Mondstein (Struktur) und Olive (Struktur)
- Krakelierlack
- Heu
- Bindedraht, ø 0,65 mm
- 6 Holzschrauben, Senkkopf, ø 3,5 mm, 3 cm lang
- Bohrer, ø 1,5 mm, 2 mm und 4 mm

HAHN

- 3 Latten, 1,2 cm stark, 4,5 cm x 42 cm
- 2 Latten, 1,2 cm stark, 4,5 cm x 20 cm
- 1 Latte, 1,2 cm stark, 2,5 cm x 16 cm (UK)
- 2 Latten, 1,2 cm stark, 2,5 cm x 25 cm (UK)
- Sperrholzrest, 6 mm stark
- Sperrholz, 1 cm stark, 22 cm x 30 cm
- Acrylfarbe in Antikblau, Karminrot, Weiß und Orange
- Krakelierlack
- Kupferblechrest, 1 mm stark
- Marabufeder in Rosa
- evtl. Klebepads
- Bindedraht, ø 0,65 mm
- Bohrer, ø 1,5 mm

VORLAGEN-BOGEN 2A+4A

Henne

1 Die Henne als Lattenteil laut Vorlage arbeiten. Den Kamm, den Schwanz, die Seitenteile, die Vorderseite und die Bodenplatte des Körbchens aus dem dicken, zusätzlich den Schnabel, das Kehlläppchen, das Schild und die drei Eier aus dem dünnen Sperrholz aussägen. Mithilfe einer Schablone den Körper des Huhnes auf das Lattenteil aufzeichnen und aussägen.

2 Alle Holzteile in Antikblau grundieren, trocknen lassen, mit Krakelierlack bestreichen, nochmals trocknen lassen und danach wie abgebildet anmalen. Alle Innenlinien ergänzen und das Schild beschriften.

3 Für das Andrahten des Schwanzes und des Kammes die Bohrungen von vorne ausführen. Den Schnabel und das Kehlläppchen aufkleben.

4 Die Kiste mit Bohrlöchern versehen und zusammenschrauben. Die mit dem Schild und den Eiern beklebte Vorderseite mit Holzleim befestigen.

Hahn

1 Den Hahn als Lattenteil laut Vorlage arbeiten. Den Hahnenkamm, Flügel und Füße aus dem dicken Sperrholz, den Schnabel und die Kehlläppchen aus dem dünnen Sperrholz aussägen. Mithilfe einer Schablone den Hahn auf das Lattenteil zeichnen und aussägen. Das Herz aus Kupferblech ausschneiden.

2 Alle Holzteile in Antikblau grundieren, trocknen lassen und mit Krakelierlack bestreichen. Nochmals trocknen lassen und danach wie abgebildet anmalen. Das Gesicht gestalten und die restlichen Innenlinien ergänzen.

3 Alle Bohrungen von vorne ausführen. Den Schnabel und beide Kehlläppchen aufkleben, den Hahnenkamm, die Flügel und Füße andrahten.

4 Die Marabufeder und das Herz aufkleben. Den Hahn evtl. mit Klebepads an einem geeigneten Platz anbringen.

Tierischer Frühlingsspaß

→ ein echter Blickfang

MOTIVHÖHE
ca. 50 cm

MATERIAL
- 2 Latten, 1 cm stark, 4 cm x 49 cm
- 2 Latten, 1 cm stark, 4 cm x 35 cm
- 2 Latten, 1 cm stark, 4 cm x 19 cm (UK)
- 1 Latte, 1 cm stark, 4 cm x 9 cm (UK)
- Sperrholzrest, 6 mm und 1 cm stark
- Leimholz, 1,8 cm stark, 12 cm x 16 cm
- Acrylfarbe in Weiß, Hellgrau, Schilf, Pfirsich, Taubenblau, Schwarz, Zartrosa und Hautfarbe
- Stoffdreieck, 31 cm x 22 cm x 22 cm
- Metallmilchkanne, ø 6 cm, 10 cm hoch
- 6 Holzbuchstaben: S, P, R, I, N, G, ca. 2 cm hoch
- Rundholzstück, ø 8 mm, 25 cm lang
- Bindedraht, ø 0,65 mm
- evtl. 2 Holzschrauben, Senkkopf, ø 3,5 mm, 3,5 cm lang (zum Festschrauben auf der Standfläche)
- Bohrer, ø 1,5 mm (2 mm und 4 mm)

VORLAGENBOGEN 2B

1 Den Körper als Lattenteil laut Vorlage arbeiten. Das Mundteil und zusätzlich die Füße aus dem dünnen, die Ohren, Hände und Hörner aus dem dicken Sperrholz aussägen. Mithilfe der Schablone die Kuh auf das Lattenteil aufzeichnen und danach aussägen.

2 Alle Holzteile wie abgebildet anmalen und trocknen lassen. Danach das Gesicht gestalten und alle restlichen Innenlinien ergänzen. Das Mund- und Fußteil aufkleben.

3 Alle Bohrungen von vorne ausführen. Die Ohren und Hörner andrahten. Die Hände an den abgeflachten Enden des Rundholzstücks (siehe Seite 4) fixieren. Nach dem Trocknen das Armteil von hinten am Körper ankleben.

4 Die Holzbuchstaben auf den Körper kleben und die Kuh auf der Standfläche fixieren. Das Dreieckstuch um den Hals binden und die Milchkanne mit Bindedraht unter den rechten Arm hängen.

SPRING

Draußen im Garten

→ ein süßes Schweinchen

MOTIVHÖHE
ca. 50 cm

MATERIAL

- 6 Latten, 1,2 cm stark, 4,5 cm x 52 cm
- 2 Latten, 1,2 cm stark, 4,5 cm x 18 cm
- 1 Latte, 1 cm stark, 4 cm x 42 cm (UK)
- 2 Latten, 1 cm stark, 4 cm x 30 cm (UK)
- Sperrholzrest, 6 mm stark
- Sperrholz, 1 cm stark, 40 cm x 30 cm
- Leimholz, 1,8 cm stark, 30 cm x 18 cm
- Acrylfarbe in Senf, Antikblau, Zinnoberrot, Zartrosa, Weiß, Schilf und Olivgrün
- Knopf in Blau, ø 2,3 cm
- Bast in Natur
- Bindedraht, ø 0,35 mm und 0,65 mm
- evtl. 2 Holzschrauben, Senkkopf, ø 3,5 mm, 3,5 cm lang (zum Festschrauben auf der Standfläche)
- Bohrer, ø 1,5 mm, 2 mm (4 mm)

VORLAGENBOGEN 1B+2A

1 Das Schweinchen als Lattenteil laut Vorlage arbeiten. Das Mundteil, beide Ohren und Arme, die Schuhe und Blume aus dem dicken Sperrholz und das Schild aus dem dünnen Sperrholz aussägen. Das Schweinchen mithilfe einer Schablone auf das Lattenteil übertragen und aussägen.

2 Alle Sperrholzteile, das Lattenteil und das zugeschnittene Leimholzteil wie abgebildet anmalen. Das Gesicht gestalten und die restlichen Innenlinien aufmalen.

3 Alle Bohrungen ausführen. Die Hände erhalten seitliche Löcher, die Bohrungen an Schuhen und Schild von vorne ausführen. Das Schweinchen bekommt von hinten beide Ohren und von vorne das Mundteil und beide Arme angeklebt.

4 Jeweils ein Stück dicken Draht von hinten durch die Löcher der Schuhe stecken, vorne verzwirbeln und die Drahtenden locken. Danach das Schuhpaar ankleben. Den dicken Draht von vorne durch die Bohrungen des Schildes stecken, die Drahtenden durch die Hände führen und locken.

5 Das Schweinchen mit einem Bastbündel schmücken, das mit dünnem Draht mit gelockten Enden umwickelt wird. Ein Stück dünnen Draht durch die Knopflöcher stecken, vorne verzwirbeln und die Enden ebenfalls locken. Den Knopf auf die Blüte kleben. Das Schweinchen und die Blume auf der Standfläche befestigen.

Tipp: Falls Sie für die Schablone keine Pappe in der richtigen Größe haben, können Sie auch einen Bogen alten Fotokarton nehmen.

I'm in the
Garden!

Herzlich Willkommen!

→ nette Begrüßung

MOTIVHÖHE

Hund ca. 41 cm
Katze ca. 53 cm

MATERIAL HUND

- 2 Latten, 1 cm stark, 4 cm x 40 cm
- 2 Latten, 1 cm stark, 4 cm x 18 cm
- 2 Latten, 1 cm stark, 4 x 19 cm (UK)
- 1 Latte, 1 cm stark, 4 cm x 10 cm (UK)
- Sperrholzrest, 6 mm und 1 cm stark
- Leimholz, 1,8 cm stark, 22 cm x 18 cm
- Acrylfarbe in Antikolive (Struktur), Mondstein (Struktur), Schwarz und Antikgrün
- Eisenkette in Schwarz, 7 mm breit, 22 cm lang
- Dose, ø 7,5 cm, 11 cm hoch
- Bindedraht, ø 0,65 mm
- evtl. 2 Holzschrauben, Senkkopf, ø 3,5 mm, 3,5 cm lang (zum Festschrauben auf der Standfläche)
- Bohrer, ø 1,5 mm und 6 mm (2 mm und 4 mm)

KATZE

- 4 Latten, 1 cm stark, 4 cm x 34 cm
- 2 Latten, 1 cm stark, 4 cm x 18 cm (UK)
- Sperrholzrest, 6 mm und 1 cm stark
- Vierkantleiste, 6 mm x 6 mm, 3 cm lang
- Acrylfarbe in Grau, Schwarz, Weiß und Zartrosa
- Juteband in Grün, ø 3 mm, 2 x 18 cm, 1 x 34 cm lang
- Stoffstreifen, 4 cm breit, 26 cm lang
- evtl. Klebepads
- Bindedraht, ø 0,65 mm
- Bohrer, ø 1,5 mm und 3 mm

VORLAGEN-BOGEN 2 B + 3 A + 3 B

Hund

1 Den Hund als Lattenteil laut Vorlage arbeiten. Die Ohren und Pfötchen aus dem dicken Sperrholz, die Nase und das Mundteil aus dem dünnen Sperrholz aussägen. Mithilfe der Schablone den Hund auf das Lattenteil aufzeichnen und aussägen.

2 Aus der Standfläche aus Leimholz die Aussparung für die Dose aussägen. Dazu ein Loch (ø 6 mm) in die kreisförmige Fläche bohren, das Sägeblatt hindurchstecken und danach die Kreisfläche aussägen.

3 Alle Teile wie abgebildet anmalen. Nach dem Trocknen das Gesicht aufmalen und die restlichen Innenlinien ergänzen.

4 Für das Andrahten der Ohren die Bohrungen von vorne ausführen. Das Mundteil und die Nase ergänzen und den Hund auf der Standfläche befestigen. Eine Kette um den Hals hängen. Die Dose in die Aussparung stellen und eine Schuhputzbürste oder sonstige Utensilien hineinlegen.

Katze

1 Die Katze als Lattenteil laut Vorlage arbeiten. Im Mundbereich den Lattenzwischenraum mit einer Vierkantleiste schließen. Die Ohren und alle vier Pfoten aus dem dicken, die Nase und die Mäuse aus dem dünnen Sperrholz aussägen. Mithilfe einer Schablone den Katzenkörper auf das Lattenteil zeichnen und aussägen.

2 Alle Holzteile laut Abbildung anmalen. Nach dem Trocknen das Gesicht gestalten, alle Innenlinien ergänzen. Die Mäuse mit dem Schriftzug und den Innenlinien versehen.

3 Für das Andrahten der Ohren und für die Schnurrhaare die Löcher von vorne bohren. Für die Mäuseschwänze seitliche Löcher anbringen. Mit dem dicken Bohrer die Löcher für die Füße vorbohren.

4 Die Nase und beide Vorderpfoten aufkleben. Die Ohren andrahten und die Schnurrhaare ergänzen. Dazu zwei U-förmig gebogene Drahtstücke von hinten durch die jeweiligen Löcher stecken und vorne umbiegen. Die Jutebandstücke in die Bohrung des jeweiligen Fußes stecken und fixieren. Das andere Ende in die Bohrung im Körper einkleben.

5 Das lange Jutebandstück zu zwei Drittel mit den Mäusen bekleben. Zuvor die Drahtschwänzchen in der Bohrung festkleben. Das Juteband um den Hals legen und das Ende hinter der ersten Maus festkleben. Der Katze zusätzlich einen Stoffschal um den Hals binden. Das Motiv evtl. mit Klebepads an der gewünschten Stelle befestigen.

Mmh, lecker!

→ Möhren sind so gesund

MOTIVHÖHE

ca. 41 cm

MATERIAL

- 2 Latten, 1 cm stark, 4 cm x 31 cm
- 2 Latten, 1 cm stark, 4 cm x 13 cm
- 2 Latten, 1 cm stark, 4 cm x 18 cm (UK)
- 1 Latte, 1 cm stark, 4 cm x 10 cm (UK)
- Sperrholzrest, 6 mm stark
- Sperrholz, 1 cm stark, 20 cm x 30 cm
- Leimholz, 1,8 cm stark, 18 cm x 22 cm
- Rohholzhalbkugel, ø 3 cm
- Acrylfarbe in Hellbraun, Zinnoberrot, Mittelbraun, Olivgrün, Gelbgrün, Weiß und Orange
- Bastelfilzstreifen in Hellgrün, 2 cm breit, 20 cm lang
- Bindedraht, ø 0,65 mm
- evtl. 2 Holzschrauben, ø 3,5 mm, 3,5 cm lang (zum Festschrauben auf der Standfläche)
- Bohrer, ø 1,5 mm (2 mm und 4 mm)

VORLAGENBOGEN 4B

1 Das Lattenteil laut Vorlage für den Hasen erstellen. Die Ohren, das Fußteil und die Möhren aus dem dicken Sperrholz und die Vorderpfoten aus dem dünnen Sperrholz aussägen. Mithilfe einer Schablone den Hasen auf das Lattenteil zeichnen und aussägen.

2 Die Rohholzhalbkugel, alle Holzteile und die Standfläche laut Abbildung anmalen. Nach dem Trocknen das Gesicht und alle Innenlinien aufmalen.

3 Sämtliche Bohrungen von vorne ausführen. Die Ohren andrahten und die Barthaare formen. Dazu U-förmig gebogene Drahtstücke von hinten durch die jeweiligen Löcher stecken und vorne umbiegen. Nase und Pfoten aufkleben.

4 Den Hasen auf der Standfläche fixieren und diese mit drei Möhren verzieren. Einen Filzschal um den Hals binden.

Zwei Freunde

→ nette Kantenhocker

MOTIVHÖHE
Hexe ca. 41 cm
Katze ca. 33 cm

MATERIAL
HEXE
- 5 Latten, 1 cm stark, 4 cm x 36 cm
- 2 Latten, 1 cm stark, 4 cm x 24 cm (UK)
- Sperrholzrest, 6 mm und 1 cm stark
- Rohholzhalbkugel, ø 2 cm
- Acrylfarbe in Orange, Karminrot, Weiß, Antikblau, Schilf, Hautfarbe, Taubenblau und Antikolive (Struktur)
- Stoffstreifen, 4 cm breit, 25 cm lang
- Bindedraht, ø 0,65 mm und 1,4 mm
- Bohrer, ø 1,5 mm

KATZE
- 3 Latten, 1 cm stark, 4 cm x 19 cm
- 2 Latten, 1 cm stark, 4 cm x 14 cm (UK)
- Sperrholzrest, 6 mm und 1 cm stark
- Acrylfarbe in Weiß, Karminrot, und Schwarz
- Stoffstreifen, 3 cm breit, 22 cm lang
- Bindedraht, ø 0,65 mm und 1,4 mm
- Bohrer, ø 1,5 mm

VORLAGENBOGEN 1A

Hexe

1 Die Hexe als Lattenteil laut Vorlage arbeiten. Die Haare aus dem dünnen und die Arme und Füße aus dem dicken Sperrholz aussägen. Mit einer Schablone die Hexe aufmalen und danach aussägen.

2 Die Rohholzhalbkugel und alle Holzteile laut Abbildung anmalen. Das Gesicht aufmalen und alle Bohrungen von vorne ausführen. Das Haarteil und die Nase aufkleben.

3 Die Arme andrahten. Für die Beine den dicken Draht verwenden. Beide ca. 11 cm langen Drahtbeine nach ca. 3 cm rechtwinkelig abbiegen, die Füße auf das lange Stück Draht stecken und fixieren. Die anderen Drahtenden werden in die entsprechenden Bohrungen im Kleid gesteckt und fixiert. Einen Schal um den Hals binden.

Katze

1 Die Katze als Lattenteil laut Vorlage arbeiten. Die Nase aus dem dünnen Sperrholz, die Ohren, den Schwanz und die Pfoten aus dem dicken Sperrholz aussägen. Mithilfe einer Schablone die Katze aufzeichnen und dann aussägen.

2 Sämtliche Teile wie abgebildet anmalen. Das Gesicht aufmalen und die restlichen Innenlinien ergänzen.

3 Alle Bohrungen von vorne durchführen. Die Ohren und den Schwanz andrahten und die Nase aufkleben. Für die Schnurrhaare U-förmig gebogene Drahtstücke von hinten durch die entsprechenden Löcher stecken und vorne umbiegen. Für die Beine den dicken Draht verwenden. Beide ca. 11 cm langen Drahtbeine nach ca. 3 cm rechtwinkelig abbiegen. Auf das lange Drahtende die Pfote stecken, das andere Drahtende in das entsprechende Loch im Körper stecken und fixieren.

4 Der Katze einen Schal umbinden.

Es wird Herbst!

→ auch mit Teelicht hübsch

MOTIVHÖHE

ca. 55 cm

MATERIAL

- 3 Latten, 1 cm stark, 4 cm x 44 cm
- 3 Latten, 1 cm stark, 4 cm x 14 cm (UK)
- Sperrholzrest, 6 mm stark
- Sperrholz, 1 cm stark, 22 cm x 30 cm
- Acrylfarbe in Senf, Hautfarbe, Karminrot, Antikgrün, Antikblau, Vanille, Schilf und Weiß
- 2 Rundholzstücke, ø 4 mm, 3 cm lang
- Stoffstreifen, 3 cm breit, 25 cm lang
- Stoffquadrat, 3 cm x 3 cm (Flicken)
- Juteband in Grün, ø 3 mm, 46 cm lang
- Bindedraht, ø 0,65 mm
- 2 Holzschrauben, Senkkopf, ø 3,5 mm, 3 cm lang
- Bohrer, ø 1,5 mm, 2 mm und 4 mm

VORLAGENBOGEN 4B

1 Die Vogelscheuche als Lattenteil laut Vorlage arbeiten. Die Blätter, das Hutrand-Haarteil und die Nase aus dem dünnen Sperrholz, die Hände, beide Arme, die Füße und das Brettchen aus dem dicken Sperrholz aussägen. Mithilfe einer Schablone die Vogelscheuche auf das Lattenteil zeichnen und aussägen.

2 Alle Holzteile laut Abbildung anmalen. Nach dem Trocknen das Gesicht aufmalen.

3 Für das Andrahten der Arme, der Füße und für den Aufhängedraht die Bohrungen von vorne ausführen. Seitliche Löcher in den Hut und in zwei Blätter bohren. Mit dem großen Bohrer seitliche Löcher an Ärmel und Händen anbringen.

4 Die Vogelscheuche bekommt das Hutrand-Haarteil, die Nase und ein Blatt aufgeklebt. Ein Rundholzstück in die Bohrung der Hände stecken und fixieren. Danach das andere Ende des Rundholzstückes in die entsprechende Bohrung des Ärmels stecken und festkleben. Die Arme und die Füße andrahten. Zwei angedrahtete Blätter in das seitliche Loch am Hut stecken und festkleben. Die Bohrungen für die Fixierung des Bauchladens vornehmen und diese mit zwei Schrauben am Körper befestigen.

5 Einen Stoffflicken auf den Ärmel kleben, die Striche aufmalen und das Juteband um den Unterkörper binden. Der Vogelscheuche einen Schal um den Hals binden und den Aufhängedraht anbringen.

Alles ist verhext!

→ eine Dekoration für Halloween

MOTIVHÖHE
ca. 65 cm

MATERIAL
- 4 Latten, 1 cm stark, 4 cm x 42 cm
- 2 Latten, 1 cm stark, 4 cm x 20 cm
- 2 Latten, 1 cm stark, 4 cm x 10 cm
- 1 Latte, 1 cm stark, 4 cm x 36 cm (UK)
- 2 Latten, 1 cm stark, 4 cm x 28 cm (UK)
- Sperrholzrest, 6 mm stark
- Sperrholz, 1 cm stark, 45 cm x 40 cm
- Leimholz, 1,8 cm stark, 14 cm x 36 cm
- Acrylfarbe in Tannengrün, Karminrot, Weiß, Hautfarbe, Schilf, Terrakotta, Taubenblau, Antikgrün, Antikblau und Kürbis (Antik, Struktur)
- Stoffstreifen, 6 cm breit, 30 cm lang
- Stoffrest, 3 cm x 3,5 cm (Flicken)
- 12 Knöpfe in Grün, ø 1,4 cm
- Abacalocken in Orange
- Nähgarn in Rot
- Paketschnur, ø 1,7 mm
- Bindedraht, ø 0,35 mm und 0,65 mm
- evtl. 2 Holzschrauben, Senkkopf, ø 3,5 mm, 3,5 cm lang (zum Festschrauben auf der Standfläche)
- Bohrer, ø 1,5 mm, 3 mm (2 mm und 4 mm)

VORLAGENBOGEN 1A+1B

1 Die Hexe als Lattenteil laut Vorlage arbeiten. Den Hut, beide Arme und zusätzlich die Schuhe aus dem dicken Sperrholz, die Nase, den Kürbis und das Schild aus dem dünnen Sperrholz aussägen. Mithilfe einer Schablone die Hexe auf das Lattenteil zeichnen und aussägen.

2 Die zugeschnittene Standfläche und alle weiteren Holzteile laut Abbildung anmalen. Das Gesicht aufmalen, das Schild beschriften und die restlichen Innenlinien ergänzen.

3 Alle Bohrungen von vorne ausführen. Die Hexennase und Knöpfe aufkleben. Vorher etwas Nähgarn durch die Knopflöcher fädeln. Den Kürbis und das Schild unter den Arm hängen. Die Arme und den Hut andrahten.

4 Abacalocken am Ende mit dünnem Bindedraht umwickeln und seitlich an den Kopf kleben. Den Stoffflicken am Hut fixieren.

5 Die Hexe auf der Standfläche befestigen, einen Schal um den Hals knoten und die Paketschnur als Schnürsenkel durch die entsprechenden Löcher fädeln und zu Schleifen binden.

HERBST

Drei winterliche Freunde

→ etwas aufwändiger

MOTIVHÖHE

Weihnachtsmann ca. 43 cm
Elch ca. 40 cm
Schneemann ca. 42 cm

MATERIAL WEIHNACHTSMANN

- 4 Latten, 1 cm stark, 4 cm x 21 cm
- 2 Latten, 1 cm stark, 4 cm x 18 cm (UK)
- Sperrholzrest, 6 mm stark
- Sperrholz, 1 cm stark, 20 cm x 25 cm
- Rohholzhalbkugel, ø 2 cm
- 2 Rundholzstücke, ø 1 cm, 18 cm lang
- Acrylfarbe in Antikblau, Weiß, Hautfarbe, Schwarz und Karminrot
- Krakelierlack
- 2 Strickschläuche in Grün, je 3 cm breit, 10 cm lang
- Stoffstreifen, 3 cm breit, 15 cm lang
- Knopf in Perlmutt, ø 2,8 cm
- Bindedraht, ø 0,35 mm und 0,65 mm
- Bohrer, ø 1,5 mm und 1 cm
- evtl. 2 Nägel, ø 1,2 mm, 2 cm lang

ELCH

- 3 Latten, 1 cm stark, 4 cm x 24 cm
- 2 Latten, 1 cm stark, 4 cm x 12 cm
- 1 Latte, 1 cm stark, 4 cm x 22 cm (UK)
- 1 Latte, 1 cm stark, 4 cm x 14 cm (UK)
- Sperrholzrest, 6 mm und 1 cm stark
- 2 Rundholzstücke, ø 1 cm, 18 cm lang
- Acrylfarbe in Antikblau, Dunkelbraun, Mittelbraun, Taubenblau, Hautfarbe, Karminrot und Weiß (Wange)
- Krakelierlack
- 1 Messingschelle, ø 1,1 cm
- 2 Strickschläuche in Rot-Weiß gestreift, je 3 cm breit, 10 cm lang
- Stoffstreifen, 3 cm breit, 26 cm lang
- 2 Knöpfe in Crème, ø 1,2 cm
- Bindedraht, ø 0,35 mm und 0,65 mm
- Bohrer, ø 1,5 mm und 1 cm
- evtl. 2 Nägel, ø 1,2 mm, 2 cm lang

VORLAGENBOGEN 4A

Weihnachtsmann

1 Den Weihnachtsmann als Lattenteil arbeiten. Die Mütze, die Arme und die Schuhe aus dem dicken Sperrholz und das Bartteil aus dem dünnen Sperrholz aussägen. Mithilfe einer Schablone den Weihnachtsmann auf das Lattenteil übertragen und aussägen.

2 Die Rohholzhalbkugel, die einseitig abgeflachten Rundholzstücke (siehe Seite 4) und alle Holzteile in Antikblau grundieren. Die Rundholzstücke ca. 1 cm vom unteren Ende entfernt nicht bemalen. So lassen sie sich leichter in die Füße stecken. Nach dem Trocknen mit Krakelierlack einstreichen, nochmals trocknen lassen und danach alle Teile wie abgebildet anmalen. Das Gesicht aufmalen und die restlichen Innenlinien ergänzen.

3 Für das Andrahten der Mütze die kleinen Löcher von vorne, für das Zusammensetzen der Beine die großen Löcher von vorne bohren. Der Weihnachtsmann erhält sein Bartteil, seine Nase und beide Arme aufgeklebt. Die Mütze andrahten und die Beine von hinten an der unteren Querlatte festkleben. Vorher jedoch pro Bein einen Strickschlauch überstreifen. Damit die Beine beim Fixieren nicht verrutschen, können die abgeflachten Teile vorgebohrt und danach an der Unterkonstruktion festgenagelt werden.

WEITERFÜHRUNG

Drei winterliche Freunde

MATERIAL SCHNEEMANN

- 3 Latten, 1 cm stark, 4 cm x 24 cm
- 2 Latten, 1 cm stark, 4 cm x 12 cm
- 1 Latte, 1 cm stark, 4 cm x 22 cm (UK)
- 1 Latte, 1 cm stark, 4 cm x 14 cm (UK)
- Sperrholzrest, 6 mm stark
- Sperrholz, 1 cm stark, 20 cm x 25 cm
- 2 Rundholzstücke, ø 1 cm, 18 cm lang
- Acrylfarbe in Antikblau, Weiß, Taubenblau, Karminrot, Tannengrün und Antikgrün
- Krakelierlack
- Strukturschnee
- 2 Strickschläuche in Blau-Weiß gestreift, je 3 cm breit, 10 cm lang
- Stoffstreifen, 3 cm breit, 26 cm lang
- Knopf in Perlmutt, ø 2,8 cm
- Bindedraht, ø 0,35 mm und 0,65 mm
- Bohrer, ø 1,5 mm und 1 cm
- evtl. 2 Nägel, ø 1,2 mm, 2 cm lang

VORLAGENBOGEN 4A

4 Den Stoffstreifen doppelt legen, die Knickstelle mit dünnem Bindedraht umwickeln. Die Drahtenden abkneifen und den Schal im Schulter-Halsbereich fixieren. Einen mit dünnem Draht verzierten Knopf aufkleben. Dazu ein Stückchen Draht von hinten durch die Löcher stecken, die Enden verzwirbeln und locken.

Elch

1 Den Elch als Lattenteil laut Vorlage arbeiten. Das Geweih und das Mundteil aus dem dünnen Sperrholz, die Ohren, die Arme und die Füße aus dem dicken Sperrholz aussägen.

2 Den Elch wie den Weihnachtsmann arbeiten. Die Ohren jedoch nicht andrahten, sondern von vorne auf das bereits fixierte Geweih kleben. Zwei kleine Knöpfe mit dünnem Bindedraht verzieren und auf den Bauch kleben. Die kleine Schelle am Ohr andrahten und einen Stoffschal um den Hals binden.

Schneemann

1 Den Schneemann als Lattenteil laut Vorlage arbeiten. Die Arme, den Hut und die Schuhe aus dem dicken Sperrholz und die Möhren-Nase aus dem dünnen Sperrholz aussägen. Den Schneemann mithilfe einer Schablone auf das Lattenteil übertragen und aussägen.

2 Den Schneemann wie den Weihnachtsmann weiterarbeiten. Etwas Strukturschnee auf den Hut tupfen. Den Stoffschal um den Hals knoten und den Hut mit einem Knopf verzieren.

More snow

→ nützliche Dekoration

WEITERFÜHRUNG

More snow

1 Den Schneemannkopf als Lattenteil arbeiten. Das Schild, beide Hände, beide Füße und den Hut aus dem dicken, die Nase und zusätzlich die Tanne aus dem dünnen Sperrholz aussägen. Mithilfe einer Schablone den Kopf auf das Lattenteil zeichnen und danach aussägen.

2 Die Holzbuchstaben und alle anderen Holzteile wie abgebildet anmalen. Das Gesicht aufmalen und die restlichen Innenlinien ergänzen.

3 Alle Bohrungen ausführen. Dem Schneemann den Hut und das Schild andrahten, die Nase, beide Hände und die Tanne aufkleben. Das Juteband in die Bohrung der Schuhe einkleben. Das andere Bandende in der seitlichen Bohrung am Schild befestigen. Die Holzbuchstaben aufkleben, Füße, Hände, Hut, Tanne und Buchstaben mit Glitzersand verzieren. Die Tanne und den Hut zusätzlich mit Strukturschnee betupfen.

4. Das Thermometer und die Skier ankleben. Die Skistöcke mit dünnem Bindedraht befestigen. Das fertige Schild mit einer Paketschnur aufhängen.

Tipp: Die Rückseite des Schildes erhält als Abstandshalter ein kleines Lattenstück (1 cm stark, 4 cm breit, 10 cm lang).

MOTIVHÖHE
ca. 34 cm

MATERIAL
- 5 Latten, 1 cm stark, 3 cm x 12 cm
- 1 Latte, 1 cm stark, 3 cm x 17 cm (UK)
- Sperrholz, 6 mm stark, 25 cm x 18 cm
- Sperrholz, 1 cm stark, 40 cm x 50 cm
- Acrylfarbe in Weiß, Taubenblau, Antikblau, Antikgrün, Ginster (Antik, Struktur), Kürbis (Antik, Struktur) und Schilf (Antik, Struktur)
- Strukturschnee
- 8 Holzbuchstaben: M, O, R, E, S, N, O, W, 2 cm hoch
- Thermometer, ca. 17 cm lang
- Juteband in Grün, ø 3 mm, 2 x 14 cm lang
- Glitzersand in Gold
- Skier mit Stöcken, 10 cm lang
- Bindedraht, ø 0,35 mm und 0,65 mm
- Bohrer, ø 1,5 mm und 3 mm
- Paketschnur ø 1,7 mm

VORLAGENBOGEN 3A

DIESES BUCH ENTHÄLT 4 VORLAGENBOGEN

IMPRESSUM

FOTOS: frechverlag GmbH, 70499 Stuttgart; Fotostudio Ullrich & Co., Renningen
DRUCK: frechdruck GmbH, 70499 Stuttgart

Auflage: 5. 4. 3. 2. 1.
Jahr: 2009 2008 2007 2006 2005 [Letzte Zahlen maßgebend]

ISBN 3-7724-3393-6
Best.-Nr. 3393